AF444118

* 9 7 9 8 6 0 1 6 1 5 5 3 2 *